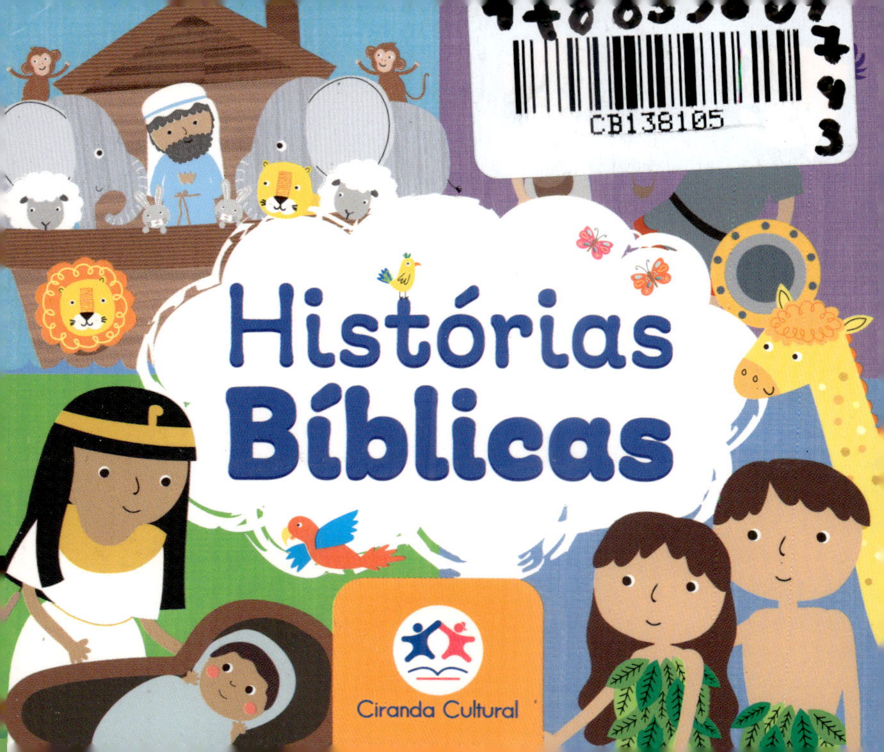
Histórias
Bíblicas
Ciranda Cultural

DEUS CRIOU TUDO O QUE HÁ NO MUNDO. ELE CRIOU O DIA E A NOITE. CIRCULE A IMAGEM QUE REPRESENTA O QUE FAZEMOS À NOITE E FAÇA UM X NO QUE FAZEMOS DURANTE O DIA. DEPOIS, CUBRA O PONTILHADO DAS DUAS PALAVRAS.

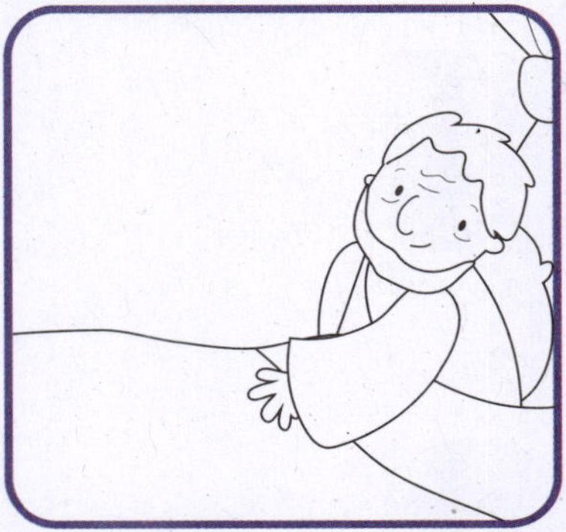

DIA NOITE

O SENHOR TAMBÉM CRIOU O CÉU, O MAR E A TERRA, ALÉM DE ÁRVORES, FRUTOS E FLORES. COMPLETE O JARDIM E O POMAR DESENHANDO FLORES E FRUTAS. DEPOIS, CAPRICHE NA PINTURA.

PARA SEPARAR A NOITE DO DIA, DEUS CRIOU O SOL, A LUA E AS ESTRELAS. FAÇA UMA BELA PINTURA NA CENA ABAIXO.

EM UM DOS DIAS DA CRIAÇÃO, DEUS POVOOU A TERRA COM ALGUNS ANIMAIS, OS QUE NADAM E OS QUE VOAM. CONTE QUANTOS DELES HÁ EM CADA CONJUNTO E ESCREVA NOS ESPAÇOS.

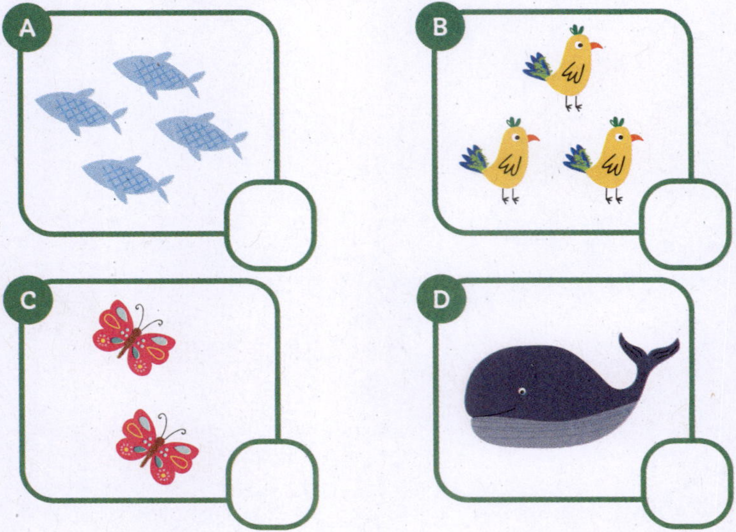

RESPOSTA: A - 4; B - 3; C - 2; D - 1.

EM UM NOVO DIA, DEUS CRIOU OUTROS ANIMAIS, OS QUE ANDAM, OS QUE RASTEJAM E OS QUE SALTAM, PARA VIVEREM EM TERRA SECA. COMPLETE A SEQUÊNCIA DE NÚMEROS E DEPOIS PINTE O DESENHO.

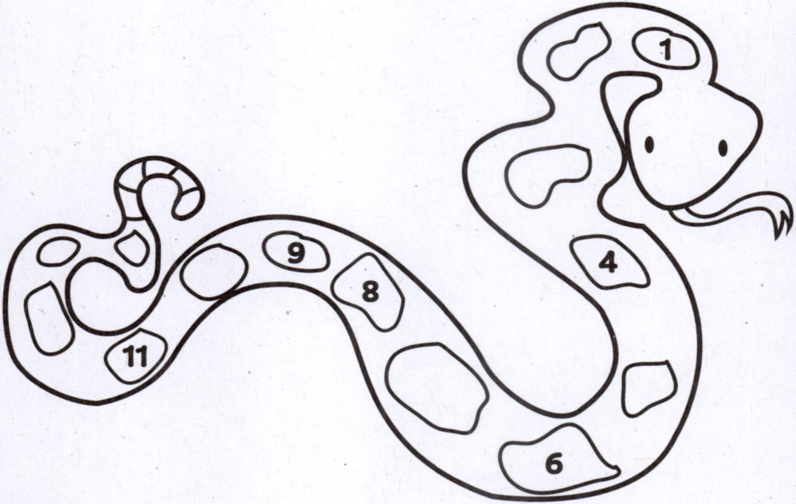

DEUS TAMBÉM CRIOU O HOMEM, ADÃO, E A MULHER, EVA. PINTE OS DOIS NO JARDIM DO ÉDEN.

DEUS PEDIU A NOÉ QUE CONSTRUÍSSE UMA EMBARCAÇÃO, POIS LOGO VIRIA UM DILÚVIO. LIGUE OS PONTOS E DESCUBRA QUE EMBARCAÇÃO ERA ESSA. DEPOIS, CUBRA O PONTILHADO DA PALAVRA.

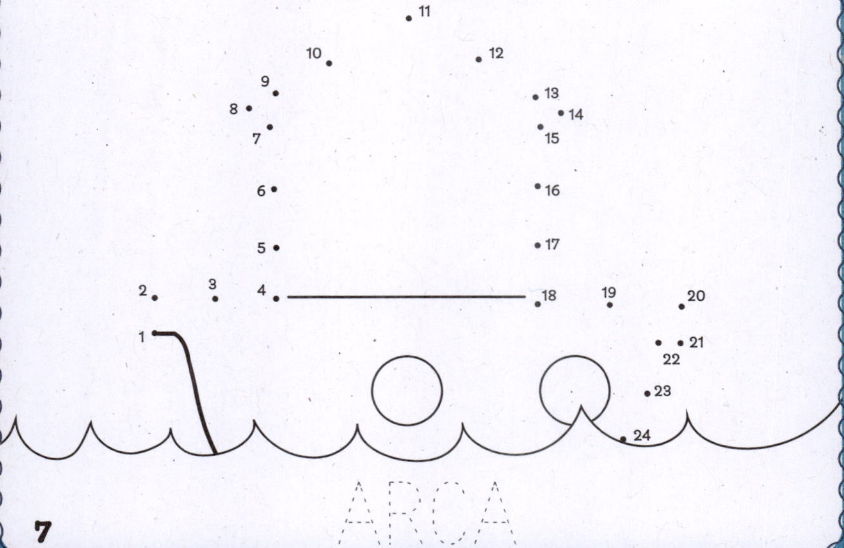

NOÉ EMBARCOU NA ARCA COM A FAMÍLIA E UM CASAL DE CADA ESPÉCIE DE ANIMAL. LIGUE OS CASAIS DE ANIMAIS.

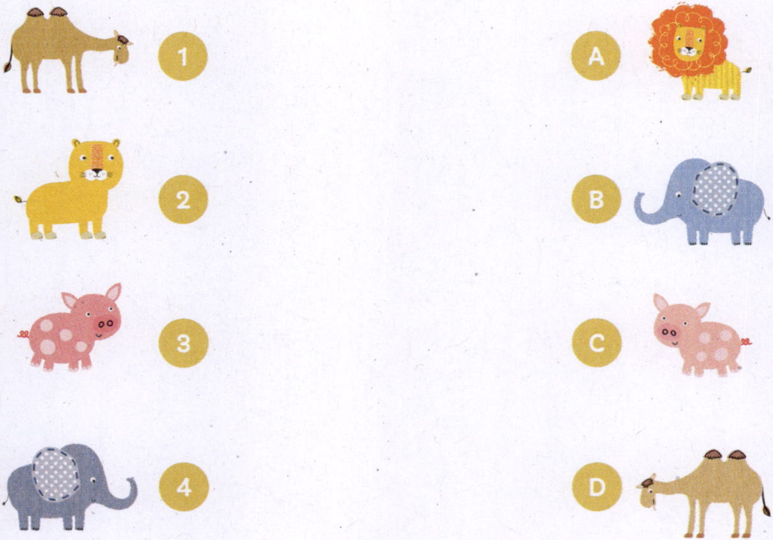

RESPOSTA: 1 - D; 2 - A; 3 - C; 4 - B.

JOSÉ FOI NOMEADO GOVERNADOR DO EGITO, POIS O FARAÓ FICOU IMPRESSIONADO COM A SABEDORIA DO RAPAZ, QUE RECEBEU DE DEUS O DOM DE INTERPRETAR SONHOS. DESENHE E PINTE ABAIXO UM GRANDE SONHO QUE VOCÊ QUER REALIZAR.

A FILHA DO FARAÓ ENCONTROU UM BEBÊ EM UM CESTO NO RIO E DEU À CRIANÇA O NOME DE MOISÉS. ENCONTRE E FAÇA UM X NAS CINCO DIFERENÇAS ENTRE AS CENAS.

RESPOSTA NA PÁGINA 24.

DEUS ABRIU O MAR VERMELHO PARA O POVO ISRAELITA, LIDERADO POR MOISÉS, PASSAR. AJUDE O POVO ISRAELITA A CHEGAR À TERRA PROMETIDA.

RESPOSTA NA PÁGINA 24.

DAVI, UM JOVEM PASTOR DE OVELHAS, DERROTOU O GIGANTE GOLIAS ACERTANDO-LHE UMA PEDRA NA TESTA. ENCONTRE NO DIAGRAMA ABAIXO ALGUMAS PALAVRAS REFERENTES A ESSA HISTÓRIA BÍBLICA.

C	D	F	R	A	J	D	A	V	I
O	J	P	E	D	R	A	R	E	M
E	F	I	U	S	G	D	I	F	A
I	D	A	O	P	R	G	S	U	I
R	E	I	S	A	U	L	P	N	F
M	O	L	A	D	V	M	N	D	O
H	A	B	G	E	D	U	P	A	E
E	J	G	O	L	I	A	S	H	A

FUNDA – PEDRA – DAVI
GOLIAS - REI SAUL

RESPOSTA NA PÁGINA 24.

DAVI, O PASTOR DE OVELHAS, FOI AO ENCONTRO DO GIGANTE GOLIAS COM APENAS CINCO PEDRAS QUE PÔS NA BOLSA, ENQUANTO GOLIAS ESTAVA DE ARMADURA E CARREGAVA UMA LANÇA ENORME. COMPLETE AS SEQUÊNCIAS CORRETAMENTE.

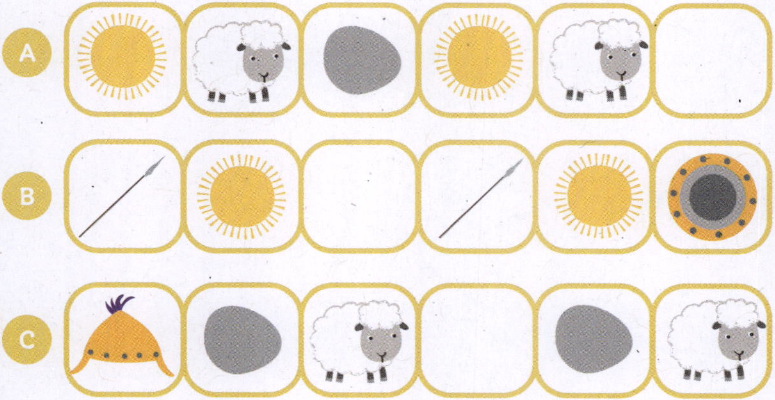

RESPOSTA NA PÁGINA 24.

DANIEL ERA UM DOS CONSELHEIROS DO REI DARIO. POR DESOBEDECER A UMA ORDEM, DANIEL FOI JOGADO NA COVA DOS LEÕES, MAS DEUS O SALVOU. MARQUE A SOMBRA CORRETA DO LEÃO.

RESPOSTA: C.

JONAS DESOBEDECEU A UMA ORDEM DE DEUS E FUGIU. O HOMEM ACABOU ENGOLIDO POR UM GRANDE PEIXE. DESENHE O GRANDE PEIXE NA MALHA QUADRICULADA E DEPOIS PINTE-O.

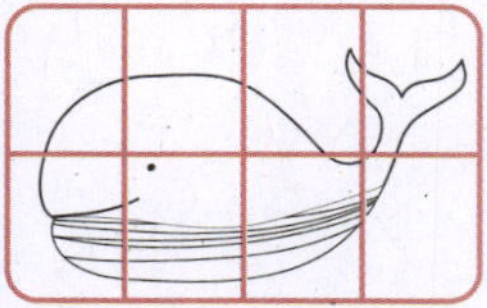

MARIA E JOSÉ ESTAVAM PROMETIDOS EM CASAMENTO UM AO OUTRO. UM ANJO APARECEU PARA MARIA DIZENDO QUE ELA HAVIA SIDO A ESCOLHIDA PARA SER A MÃE DO FILHO DE DEUS. ELA E JOSÉ PARTIRAM PARA BELÉM, E FOI LÁ QUE JESUS NASCEU. ENUMERE AS CENAS DE ACORDO COM A ORDEM DOS ACONTECIMENTOS.

RESPOSTA: 3, 1, 2.

VINDO DE TERRAS DISTANTES, TRÊS REIS MAGOS VIRAM ALGO BRILHANDO NO CÉU. CUBRA O PONTILHADO PARA DESCOBRIR O QUE ELES VIRAM E DEPOIS CAPRICHE NA PINTURA.

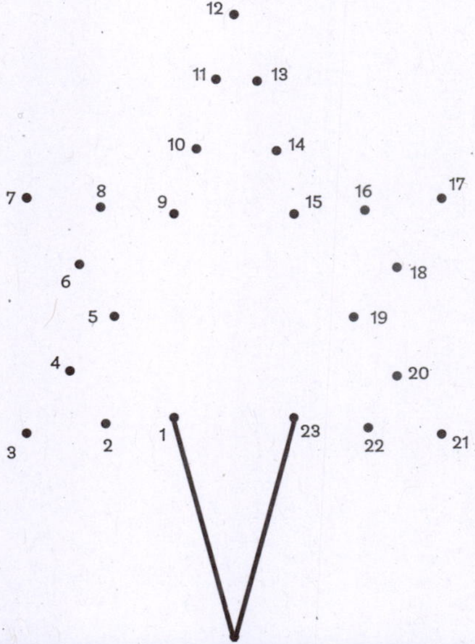

O DIA DO NASCIMENTO DE JESUS FOI UM DIA MUITO ESPECIAL! COMPLETE A CRUZADINHA COM PALAVRAS LIGADAS A ESSE DIA TÃO IMPORTANTE.

RESPOSTA NA PÁGINA 24.

OS MAGOS DO ORIENTE LEVARAM PRESENTES QUANDO FORAM CONHECER JESUS. DESVENDE A MENSAGEM SECRETA SUBSTITUINDO OS SÍMBOLOS PELAS LETRAS E DESCUBRA O QUE ELES LEVARAM PARA O SALVADOR.

RESPOSTA: OS MAGOS LEVARAM DE PRESENTE OURO, INCENSO E MIRRA.

OS APÓSTOLOS ERAM SEGUIDORES MUITO PRÓXIMOS A JESUS E ESPALHARAM A PALAVRA DELE PARA AS PESSOAS. COMPLETE OS NOMES COM AS VOGAIS QUE FALTAM E DESCUBRA OS NOMES DOS DOZE APÓSTOLOS.

P__DRO	B__RTOLOMEU
ANDR__	T__MÉ
T__AGO	MATE__S
J__ÃO	TIAG__
FIL__PE	J__DAS TADE__
JUD__S ISCARIOT__S	SIMÃ__

UM DOS APÓSTOLOS TRAIU JESUS. COMPLETE AS LINHAS COM AS VOGAIS QUE FALTAM PARA SABER O NOME DELE.

J__D__S __SC__R__ __T__S

RESPOSTA NA PÁGINA 24.

JESUS TRANSFORMOU CINCO PÃES E DOIS PEIXES EM ALIMENTO PARA CERCA DE CINCO MIL PESSOAS. PINTE A QUANTIDADE SOLICITADA DE PÃES E PEIXES.

2

5

JESUS FOI BATIZADO NO RIO JORDÃO POR JOÃO BATISTA.
PINTE A CENA E DEIXE-A BEM BONITA.

DEUS AMA TODOS NÓS IGUALMENTE. COMO VOCÊ VÊ O AMOR DE DEUS? FAÇA UM DESENHO PARA REPRESENTAR.

RESPOSTAS

PÁGINA 10

PÁGINA 11

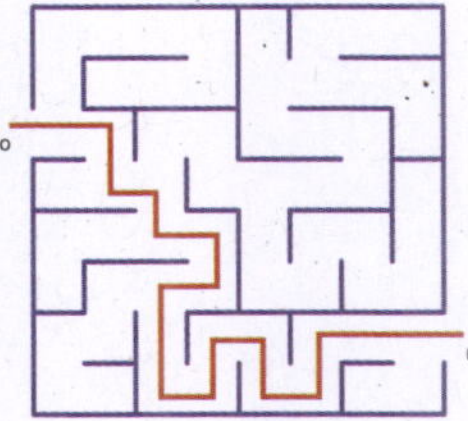

PÁGINA 12

C	D	F	R	A	J	D	A	V	I
O	J	P	E	D	R	A	R	E	M
E	F	I	U	S	G	D	I	F	A
I	D	A	O	P	R	G	S	U	I
R	E	I	S	A	U	L	P	N	F
M	O	L	A	D	V	M	N	D	O
H	A	B	G	E	D	U	P	A	E
E	J	G	O	L	I	A	S	H	A

PÁGINA 13

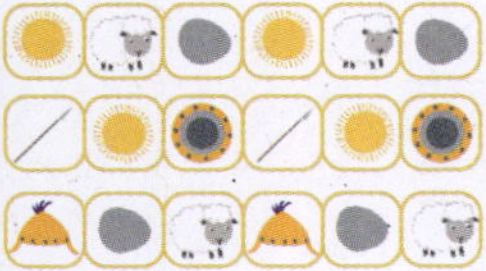

PÁGINA 18

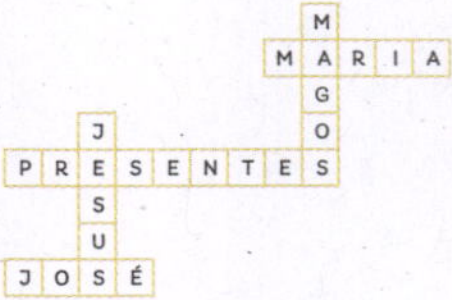

PÁGINA 20

PEDRO	BARTOLOMEU
ANDRÉ	TOMÉ
TIAGO	MATEUS
JOÃO	TIAGO
FILIPE	JUDAS TADEU
JUDAS ISCARIOTES	SIMÃO

JUDAS ISCARIOTES